T0277974

APRENDE A CORRER, EVITA LESIONES Y MEJORA TUS MARCAS

Xavier Cerrato
Isabel Llobera

Los editores no han comprobado la eficacia ni el resultado de las recetas, productos, fórmulas técnicas, ejercicios o similares contenidos en este libro. Instan a los lectores a consultar al médico o especialista de la salud ante cualquier duda que surja. No asumen, por lo tanto, responsabilidad alguna en cuanto a su utilización ni realizan asesoramiento al respecto.

Puede consultar nuestro catálogo en www.edicionesobelisco.com

Colección Salud y Vida Natural
APRENDE A CORRER, EVITA LESIONES Y MEJORA TUS MARCAS
Xavier Cerrato
Isabel Llobera

1.ª edición: noviembre de 2022

Maquetación: *Marga Benavides*
Corrección: *Sara Moreno*

Edita: Ediciones Obelisco, S. L.
Collita, 23-25 Pol. Ind. Molí de la Bastida
08191 Rubí – Barcelona – España
Tel. 93 309 85 25
E-mail: info@edicionesobelisco.com

ISBN: 978-84-9111-931-9
Depósito Legal: B-20.146-2022

Impreso en Ingrabar

Printed in Spain

¿CÓMO HE LLEGADO HASTA AQUÍ?

Durante más de treinta años, en mi práctica clínica como fisioterapeuta, y también como entrenador de atletas máster, he tratado a muchos corredores y triatletas. La raíz de la mayoría de los problemas y las lesiones siempre es la misma: debilidades o inhibiciones musculares y un gesto deportivo incorrecto.

Cuando preguntaba a mis pacientes si trabajaban la técnica de carrera, la mayoría me respondía que sí, pero su inmediata cuestión era si eso servía para algo.

Al principio me quedé perplejo por la pregunta, y mi siguiente reflexión fue: ¿cuando corren aplican los ejercicios que practican en los entrenos? La gran mayoría respondía que no. Hacían los ejercicios de una manera y corrían de otra.

Si no se integran las dos cosas, pensé, los ejercicios de técnica que realizan habitualmente no sirven para nada, porque no mejoran la forma de correr... Pero ¿cómo puedo enseñarles a integrarlos? Fue entonces cuando me decidí a crear un sistema de trabajo eficiente para ayudarlos a mejorar. Empecé a observar y a analizar diferentes colectivos de personas corriendo y a leer toda la bibliografía que podía encontrar.

La conclusión de este análisis fue que los niños y los atletas de élite corren de forma muy similar, mientras que las grandes diferencias estaban en los corredores y corredoras populares.

Durante años he estado realizando entrenamientos para enseñar a mis pacientes cómo deben moverse y qué ejercicios deben hacer para recuperar su gesto natural de correr.

Este manual de instrucciones es la síntesis de todo ese trabajo práctico desarrollado durante años. Su principal objetivo es recuperar el gesto de carrera innato que olvidamos al crecer. Todas y todos en nuestra infancia corremos con una técnica perfecta que con este sistema de trabajo se recupera completamente.

Para conseguirlo, este libro identifica los principales motivos por los que no corremos bien y da la solución. Muestra un sistema de trabajo activo, con todas las herramientas para recuperar el gesto natural de correr, compatible con cualquier plan de entrenamiento.

Aprende a correr, evita lesiones y mejora tus marcas está dirigido a corredores, atletas, triatletas, entrenadores, profesionales de la fisioterapia, podología y medicina deportiva. Su estructura es la siguiente: en «¿Cómo funciona el sistema XCF?» encontrarás la exposición de los motivos por los que no corremos bien y cómo usar este manual de instrucciones.

En el capítulo 1 aprenderás la posición del tronco y ejercicios para asimilarlo.

En el capítulo 2 aprenderás cómo utilizar los brazos.

En el capítulo 3 aprenderás cómo se recoge la pierna para llevarla hacia adelante y los ejercicios para memorizarlo.

En el capítulo 4 aprenderás a empujar hacia adelante con la pierna que está en contacto con el suelo.

En el capítulo 5 se muestran los errores más habituales que debes evitar.

En el capítulo 6 encontrarás los ejercicios de fuerza para trabajar los grupos musculares que están implicados en el gesto que estás aprendiendo.

El capítulo 7 te enseña cómo realizar un entrenamiento en circuito utilizando los ejercicios del capítulo anterior en un programa de 16 semanas.

En el capítulo 8 argumento los fundamentos biomecánicos que sustentan y justifican todas las explicaciones de los capítulos anteriores.

Aprende a correr, evita lesiones y mejora tus marcas está ilustrado y funciona como una libreta que se utiliza en cada sesión de entrenamiento. Aplicando el sistema con paciencia y de forma continuada, correrás con el gesto deportivo adecuado mejorando tu salud y tu rendimiento.

¿CÓMO FUNCIONA EL MÉTODO XCF?

Éstos son los principales motivos por los que no corremos bien:

— Hemos olvidado cómo corríamos de pequeños.
— En consecuencia, no realizamos los gestos o movimientos más adecuados y naturales.
— Por debilidad o por inhibición, no utilizamos los músculos correctos y éstos no disponen de la fuerza necesaria: hay que proceder a fortalecerlos.
— Al sustituir esos músculos por otros, cometemos errores como entrar a la zancada de talón, correr sentados o «por delante».
— No utilizamos los brazos.
— Incluso si somos conscientes de la técnica correcta de carrera, tenemos problemas para coordinar los movimientos y, más adelante, para automatizarlos.

A nadie se le ocurre empezar a practicar un nuevo deporte, como podría ser el surf o el esquí, sin haber hablado antes con un monitor o un experto para que le explique lo que debe hacer y, sobre todo, para que le indique cómo debe hacerlo. En cambio, a diario veo cómo la gente se lanza a correr sin ningún tipo de guía, erróneamente convencidos de que saben lo que hay que hacer, cuando la falta de práctica o el hecho de que hubieran realizado otra disciplina, con gestos musculares diferentes, ha llevado a que perdieran la técnica natural de carrera.

Nuestro sistema invita a realizar un reaprendizaje de los gestos de carrera y a crear un nuevo hábito.

Cuatro normas para recuperar el gesto natural de carrera:

1. El cuerpo debe permanecer inclinado hacia adelante desde los tobillos.
2. Puesto que se corre con los brazos, hay que lanzar el codo hacia atrás.
3. Puesto que se corre de atrás hacia adelante, la rodilla debe proyectarse hacia adelante mientras se recoge el talón camino del glúteo.
4. El glúteo realiza el movimiento de empuje hacia atrás, estirando la pierna.

Cuatro pasos para aplicar con éxito nuestro sistema:

1. Conocer el gesto correcto.
2. Realizar ejercicios que fortalezcan los músculos y cadenas musculares que intervienen en ese gesto.
3. Realizar ejercicios que permitan mecanizar ese gesto.
4. Repetición mental de las órdenes de cada apartado.

Este proceso de reaprendizaje involucra tanto al cuerpo como a la mente. Puesto que la repetición y el fortalecimiento son las claves del éxito, debemos ser pacientes.

Estas repeticiones las podemos realizar a partir de una serie de distancias o tiempos preestablecidos. Por ejemplo:

1. Durante 1 km o 5 minutos seremos conscientes de la postura.
2. Durante 1 km o 5 minutos seremos conscientes de los brazos.
3. Durante 1 km o 5 minutos seremos conscientes de la rodilla y el talón.
4. Durante 1 km o 5 minutos seremos conscientes de que debemos impulsar desde atrás.

Y así en dos ocasiones, de modo tal que, a lo largo de un entrenamiento de 8 km o cuarenta minutos, habremos trabajado la totalidad del ciclo dos veces.

Como cuando aprendemos a conducir un coche, pronto la práctica nos permitirá realizar todos los gestos a la vez de forma casi inconsciente.

Además, a fin de fortalecer los músculos que intervienen en los gestos de carrera, realizaremos el programa core antes de empezar a correr y dos veces por semana realizaremos los programas de fuerza una vez terminado el rodaje.

EL TRONCO

TE EMPUJA

ILUSTRACIÓN 1

La posición de partida del cuerpo es vertical, con la columna y las piernas alineadas.
El peso del cuerpo (el centro de masas, localizado en el ombligo) debe recaer entre

ambos pies (base de sustentación), que mirarán hacia adelante en paralelo (*véase* nota médica 12). Los tobillos y las rodillas han de estar ligeramente flexionados (como en la posición del esquí alpino), así tendremos la capacidad de absorber el impacto.

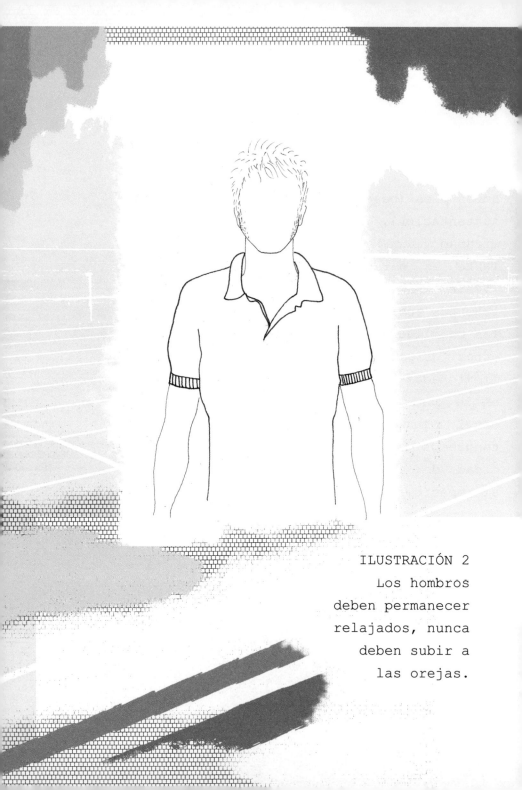

ILUSTRACIÓN 2
Los hombros
deben permanecer
relajados, nunca
deben subir a
las orejas.

ILUSTRACIÓN 3

La cabeza debe mirar hacia adelante, con el
mentón dirigido hacia el pecho (posición de
doble mentón) y buscando alargar el cuello,
como si un hilo nos estirase desde la coronilla
hacia el cielo. La mandíbula ha de estar
relajada, suelta, sin apretar los dientes, y la
punta de la lengua debe mantenerse apoyada en
la encía y en los dientes del maxilar superior.

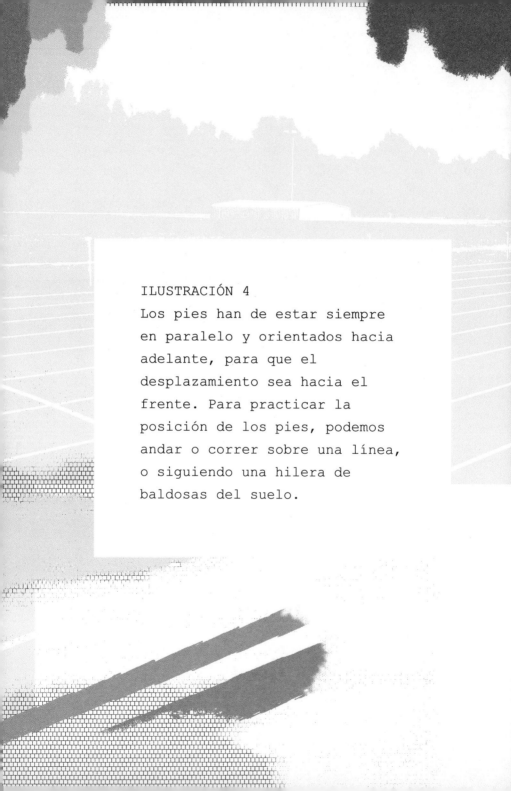

ILUSTRACIÓN 4

Los pies han de estar siempre
en paralelo y orientados hacia
adelante, para que el
desplazamiento sea hacia el
frente. Para practicar la
posición de los pies, podemos
andar o correr sobre una línea,
o siguiendo una hilera de
baldosas del suelo.

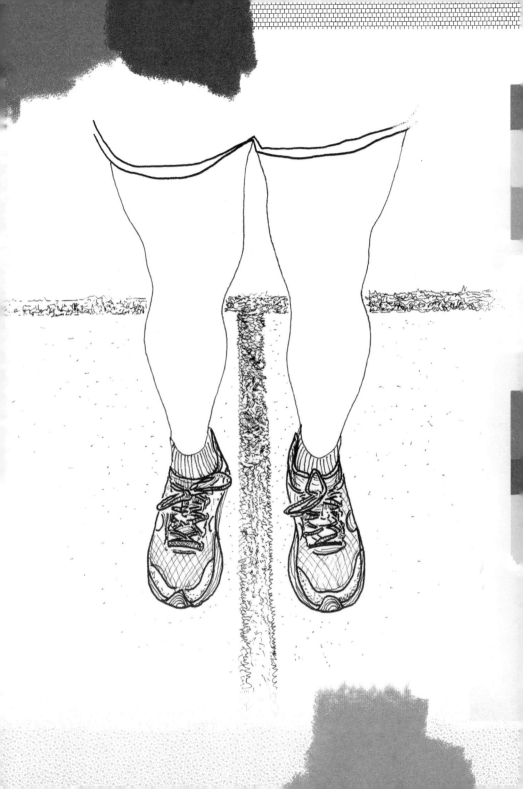

ILUSTRACIÓN 5

Para empezar a correr, inclinaremos el cuerpo hacia adelante desde los tobillos (*véase* nota médica 7). A partir de entonces, si queremos ir más rápido inclinaremos más el cuerpo hacia adelante, mientras que si queremos ir más lentos buscaremos una posición más perpendicular respecto al suelo.

UNA
POSICIÓN
RELAJADA
NOS PERMITE
AHORRAR ENERGÍA
Y EVITAR
LESIONES

**LA ORDEN MENTAL
QUE DEBEMOS RECORDAR
MIENTRAS CORREMOS
ES «EL OMBLIGO
HACIA ADELANTE»**

ILUSTRACIÓN 6

Debemos imaginar que un hilo sale de nuestro
ombligo y sentir que alguien está tirando de él.

Para trabajar esta sensación e irnos acostumbrando a ella, podemos realizar los siguientes ejercicios:

Ejercicio 1.1
ILUSTRACIÓN 7
Nos situamos delante de una pared. Nos inclinamos hacia adelante desde los tobillos, con el cuerpo recto, y detenemos el avance del cuerpo con los brazos.

Ejercicio 1.2

ILUSTRACIÓN 8

Con un compañero, nos dejamos caer hacia adelante, inclinándonos desde los tobillos con el cuerpo recto. El compañero detiene nuestro cuerpo con los brazos.

CUANDO QUERAMOS
AUMENTAR EL RITMO,
PARA ATRAPAR
A UN GRUPO DE CORREDORES
QUE VA EN CABEZA
O DE CARA A REALIZAR
EL ESPRINT FINAL,
LO PRIMERO QUE DEBEMOS HACER
ES INCLINAR
EL CUERPO
HACIA ADELANTE

Ejercicio 1.3
ILUSTRACIÓN 9
Mantenemos la posición apoyados en una mesa.
Es importante que el cuerpo se habitúe a
ella.

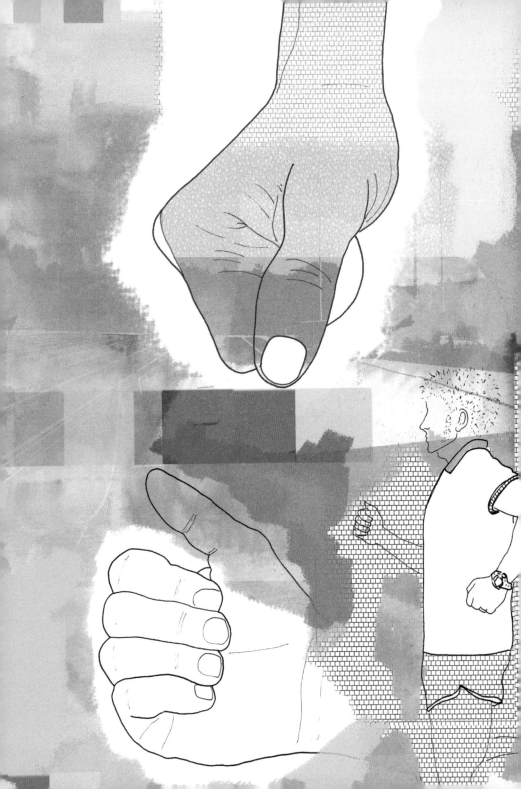

SE CORRE CON LOS BRAZOS

ILUSTRACIÓN 10

La mano tiene que estar relajada (*véase* nota médica 14). Cerrada sin apretar, como si protegiéramos a una mariposa en su interior.

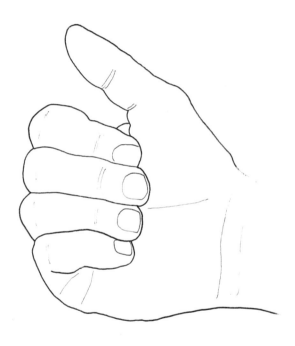

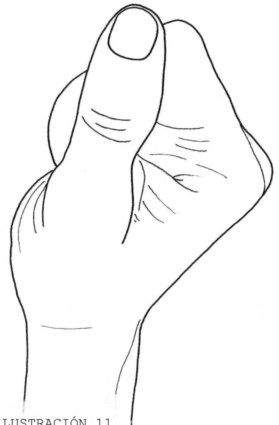

ILUSTRACIÓN 11

El pulgar se apoya en la mano con
la misma voluntad de relajación,
sin apretar para no aplastar a la
mariposa.

ESTA POSICIÓN
AYUDA A HACER
EL MOVIMIENTO
MÁS RÁPIDO
Y CON MENOS
ESFUERZO,
LO QUE PERMITE
AHORRAR
ENERGÍA

ILUSTRACIÓN 12

Con el codo flexionado noventa grados pero sin hacer fuerza, el brazo se mueve hacia atrás y hacia adelante a partir de un eje imaginario (A) en el hombro.

ILUSTRACIÓN 13/14
Para comprobar que
el brazo se
balancea
correctamente,
haremos que la mano
roce el hueso de la
cadera en su
movimiento de atrás
hacia adelante.

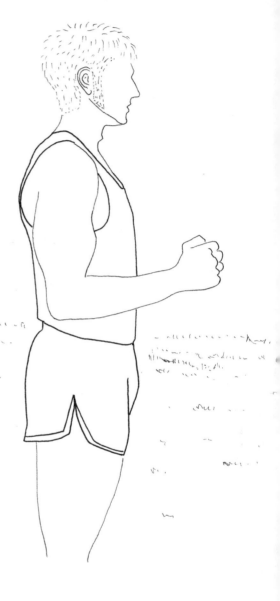

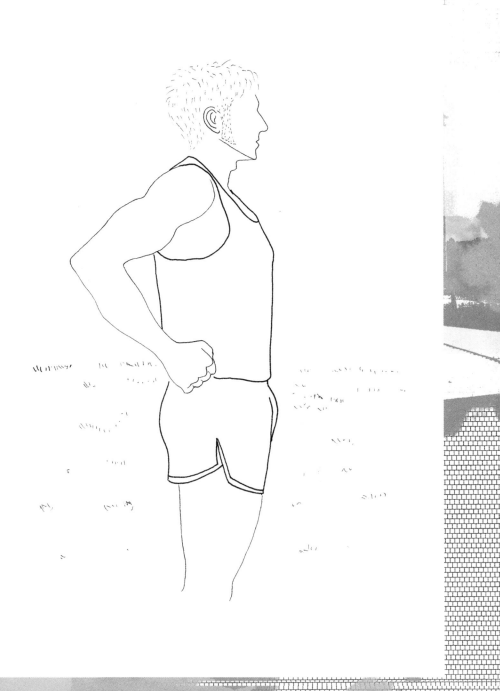

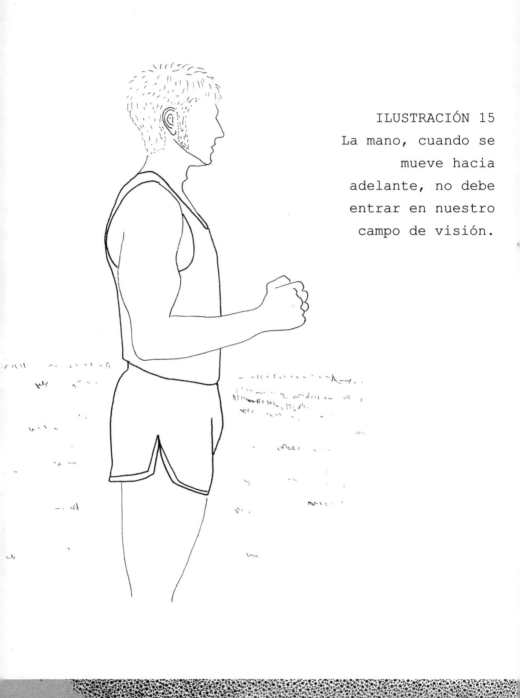

ILUSTRACIÓN 15
La mano, cuando se
mueve hacia
adelante, no debe
entrar en nuestro
campo de visión.

ILUSTRACIÓN 16
Sobre todo, nos
esforzaremos en
tirar del codo
hacia atrás
(*véase* nota
médica 1), como
si quisiéramos
golpear a
alguien
que nos está
cogiendo por la
espalda.

NO NOS
CANSAREMOS
DE REPETIRLO:
SE CORRE
DE ATRÁS
HACIA
ADELANTE

Ejercicios para asimilar el trabajo de los brazos

Ejercicio 2.1

ILUSTRACIÓN 17

Desde la posición de partida, sentados en el suelo con las piernas rectas, el mentón dirigido hacia el pecho, los hombros y las manos relajados, los codos formando un ángulo de noventa grados, debemos notar que las manos tocan los huesos de la cadera (ilíacos) al pasar de delante hacia atrás y viceversa. A partir de aquí:

1. Realizamos el movimiento completo, de delante hacia atrás a partir del eje imaginario del hombro (A) y sin abrir los codos.
2. Mantenemos el paso 1, pero fijamos nuestra atención en el codo izquierdo. Golpeamos con él hacia atrás, como si quisiéramos deshacernos de alguien que nos está cogiendo, y contamos veinte repeticiones.
3. Lo mismo que el paso 2, pero esta vez con el codo derecho. De nuevo, veinte repeticiones.
4. Aumentamos la frecuencia del movimiento sin perder su amplitud. Veinte repeticiones con el codo izquierdo.
5. Lo mismo que el paso 4, pero esta vez con el codo derecho.

Ejercicio 2.2

ILUSTRACIÓN 18

Desde la posición de partida, con las rodillas en el suelo, el mentón dirigido hacia el pecho, los hombros y las manos relajados, los codos formando un ángulo de noventa grados, debemos notar que las manos tocan los huesos de la cadera (ilíacos) al pasar de delante hacia atrás y viceversa.

A partir de aquí:

1. Realizamos el movimiento completo, de delante hacia atrás a partir del eje imaginario del hombro (A) y sin abrir los codos.
2. Mantenemos el paso 1, pero fijamos nuestra atención en el codo izquierdo. Golpeamos con él hacia atrás, como si quisiéramos deshacernos de alguien que nos está cogiendo, y contamos veinte repeticiones.
3. Lo mismo que el paso 2, pero esta vez con el codo derecho. De nuevo, veinte repeticiones.
4. Aumentamos la frecuencia del movimiento sin perder su amplitud. Veinte repeticiones con el codo izquierdo.
5. Lo mismo que el paso 4, pero esta vez con el codo derecho.

Ejercicio 2.3

ILUSTRACIÓN 19

Desde la posición de partida, de pie con el tronco doblado noventa grados, el mentón dirigido hacia el pecho, los hombros y las manos relajados, los codos formando un ángulo de noventa grados, debemos notar que las manos tocan los huesos de la cadera (ilíacos) al pasar de delante hacia atrás y viceversa. A partir de aquí:

1. Realizamos el movimiento completo, de delante hacia atrás a partir del eje imaginario del hombro (A) y sin abrir los codos.
2. Mantenemos el paso 1, pero fijamos nuestra atención en el codo izquierdo. Golpeamos con él hacia atrás, como si quisiéramos deshacernos de alguien que nos está cogiendo, y contamos veinte repeticiones.
3. Lo mismo que el paso 2, pero esta vez con el codo derecho. De nuevo, veinte repeticiones.
4. Aumentamos la frecuencia del movimiento sin perder su amplitud. Veinte repeticiones con el codo izquierdo.
5. Lo mismo que el paso 4, pero esta vez con el codo derecho.

SE CORRE
CON LOS BRAZOS

Ejercicio 2.4

ILUSTRACIÓN 20

Desde la posición de partida, de pie con el tronco completamente vertical, el mentón dirigido hacia el pecho, los hombros y las manos relajados, los codos formando un ángulo de noventa grados, debemos notar que las manos tocan los huesos de la cadera (ilíacos) al pasar de delante hacia atrás y viceversa. A partir de aquí:

1. Realizamos el movimiento completo, de delante hacia atrás a partir del eje imaginario del hombro (A) y sin abrir los codos.
2. Mantenemos el paso 1, pero fijamos nuestra atención en el codo izquierdo. Golpeamos con él hacia atrás, como si quisiéramos deshacernos de alguien que nos está cogiendo, y contamos veinte repeticiones.
3. Lo mismo que el paso 2, pero esta vez con el codo derecho. De nuevo, veinte repeticiones.
4. Aumentamos la frecuencia del movimiento sin perder su amplitud. Veinte repeticiones con el codo izquierdo.
5. Lo mismo que el paso 4, pero esta vez con el codo derecho.

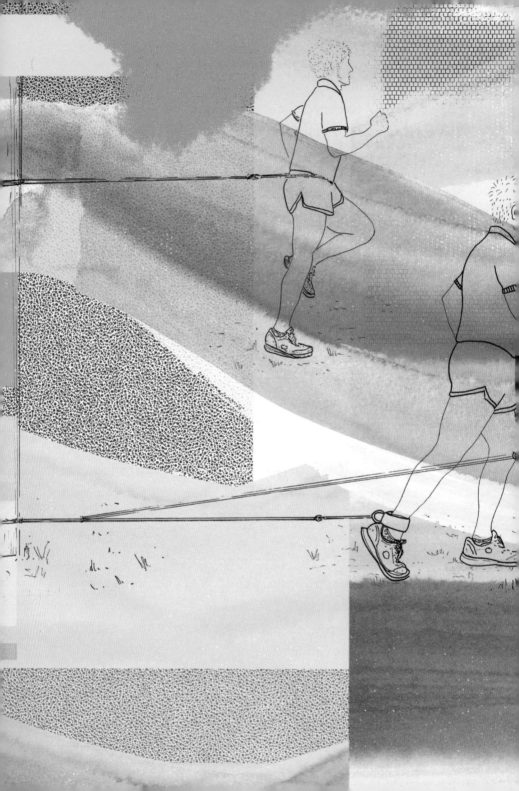

APRENDE A MOVER LAS PIERNAS

LA CADENA DE FLEXIÓ
SE ENCARGA DE RECOGI
LA PIERNA QUE ESTÁ
EN EL AIRE
RÁPIDAMENTE HACIA
ADELANTE,
PARA ASÍ PREPARAR
LA SIGUIENTE
IMPULSIÓN

ILUSTRACIÓN 21
Flexionamos la
cadera llevando
la rodilla hacia
adelante y
hacia arriba,
manteniendo
a su vez la
inclinación del
cuerpo hacia
adelante desde
los tobillos.

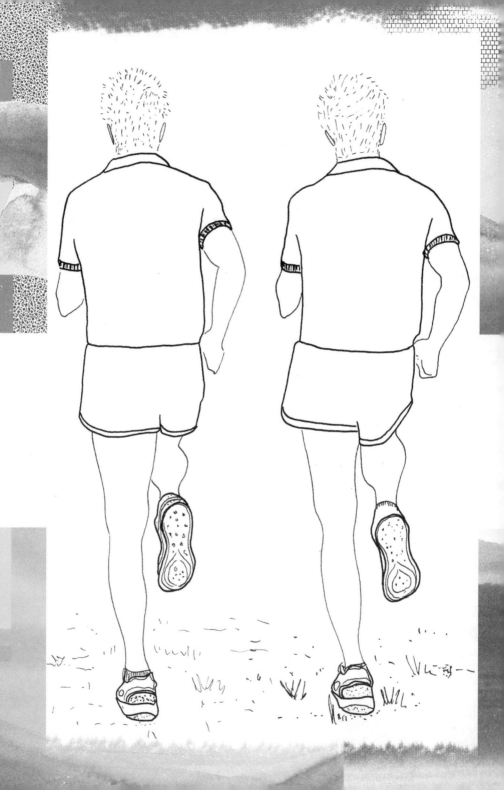

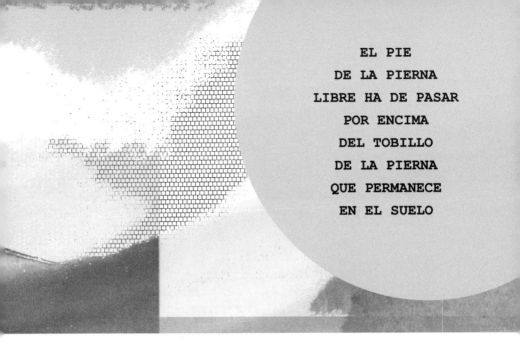

**EL PIE
DE LA PIERNA
LIBRE HA DE PASAR
POR ENCIMA
DEL TOBILLO
DE LA PIERNA
QUE PERMANECE
EN EL SUELO**

ILUSTRACIÓN 22
Para mantener la posición con un solo pie
apoyado en el suelo es necesario fortalecer el
glúteo medio (*véanse* notas médicas 2 y 17).

ILUSTRACIÓN 23/24

Al dirigir la rodilla hacia adelante y arriba, debemos llevar el talón al glúteo. De ese modo, la rodilla dirige el movimiento de todo el cuerpo hacia adelante en vez de hacia arriba. Al subir las rodillas llevando el talón hacia el glúteo, intentamos que la pierna no ascienda más de lo necesario (*véase* nota médica 5). De esta manera evitaremos que el cuerpo se vaya hacia atrás, que entremos de talón a la pisada y que nos frenemos.

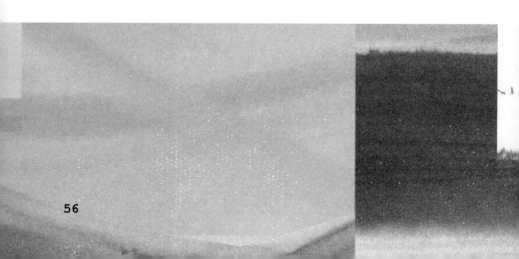

ILUSTRACIÓN 25

Llevamos la punta del pie que está en el aire hacia arriba. Al recoger la pierna, realizamos la triple flexión de cadera, rodilla y pie. Esto nos ayudará a llevar el talón hacia el glúteo con mayor efectividad.

LA ORDEN
QUE DEBEMOS
RECORDAR MIENTRAS
RODAMOS ES:
«RODILLA ADELANTE
Y TALÓN
HACIA
EL GLÚTEO»

ILUSTRACIÓN 26
Levantar la punta del pie también permite que,
cuando el pie está a punto de aterrizar, su
papel resulte más activo durante la pisada y,
acto seguido, se despegue más rápido en la fase
de impulsión (*véase* nota médica 6).

Ejercicios para asimilar el trabajo de la pierna libre

Ejercicio 3.1

ILUSTRACIÓN 27

Con el tronco completamente vertical, el mentón dirigido hacia el pecho, los hombros y las manos relajados, los codos formando un ángulo de noventa grados, debemos recordar que, durante el movimiento de la rodilla, hay que llevar el talón al glúteo y levantar la punta del pie.

1. Empezamos a subir cada pierna alternativamente, como si camináramos, pero sin movernos del sitio en el que estamos, levantando las rodillas y coordinando el movimiento con los brazos.
2. Cuando levantamos la rodilla derecha avanzamos el brazo izquierdo y viceversa.
3. Realizamos el ejercicio durante unos veinte o treinta segundos.
4. Prestamos atención a mantener la coordinación y la relajación de brazos y piernas.

Ejercicio 3.2

ILUSTRACIÓN 28

Con el tronco completamente vertical, el mentón dirigido hacia el pecho, los hombros y las manos relajados, los codos formando un ángulo de noventa grados, debemos recordar que, durante el movimiento de la rodilla, hay que llevar el talón al glúteo y levantar la punta del pie.

1. Empezamos como en el ejercicio 3.1, pero vamos aumentando el ritmo de piernas y brazos hasta pasar a ritmo de carrera. Siempre sin desplazamiento.
2. Realizamos el ejercicio durante unos veinte o treinta segundos.
3. Prestamos atención a mantener la coordinación y la relajación de brazos y piernas.

Ejercicio 3.3

ILUSTRACIÓN 29

Con el tronco completamente vertical, el mentón dirigido hacia el pecho, los hombros y las manos relajados, los codos formando un ángulo de noventa grados, debemos recordar que, durante el movimiento de la rodilla, hay que llevar el talón al glúteo y levantar la punta del pie.

1. Empezamos como en el ejercicio 3.2, pero ahora inclinamos el cuerpo hacia adelante y comenzamos a desplazarlo.
2. El movimiento de brazos y piernas debe ser rápido, pero el desplazamiento ha de ser lento. Se trata de un *skipping*, no de una carrera.
3. Realizamos el ejercicio a lo largo de unos veinte o treinta metros.
4. Prestamos atención a mantener la coordinación y la relajación de brazos y piernas.

Ejercicio 3.4

ILUSTRACIÓN 30/31

Para realizar este ejercicio necesitaremos una goma elástica, que fijaremos uno de sus extremos a un punto estable y ataremos en el otro a nuestro tobillo. Como siempre, el tronco debe permanecer completamente vertical, con el mentón dirigido hacia el pecho, los hombros y las manos relajados, y los codos formando un ángulo de noventa grados. Además, hay que llevar el talón al glúteo, levantar la punta del pie y coordinar el movimiento de la pierna con el de los brazos.

1. La posición de inicio es de espaldas a la goma, con la pierna retrasada, en la fase final de la impulsión.

2. Recogemos la pierna
   llevando el talón al
   glúteo y la rodilla
   hacia adelante y ha-
   cia arriba.
3. Volvemos a la po-
   sición de partida
   deteniendo el
   movimiento de
   la goma.
4. Realizamos entre
   quince y veinte
   repeticiones con
   cada pierna.

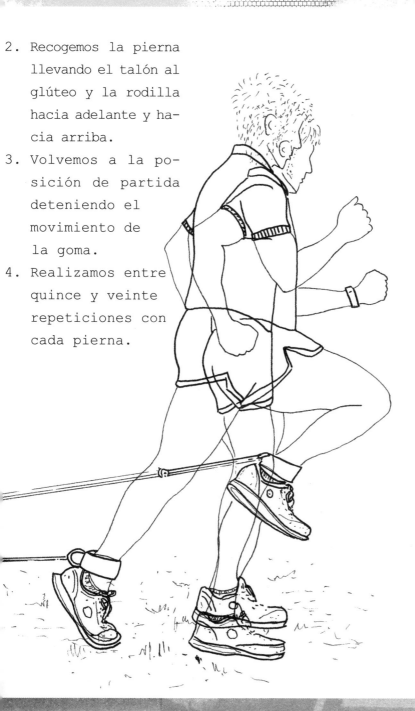

Ejercicio 3.5

ILUSTRACIÓN 32

Seguimos necesitando la goma elástica, que fijaremos en uno de sus
extremos a un punto estable y nos
ataremos en el otro alrededor de
la cintura.

Con el mentón dirigido hacia el
pecho, los hombros y las manos relajados, y los codos formando un
ángulo de noventa grados, inclinaremos el cuerpo hacia adelante
desde los tobillos y, llevando el
talón al glúteo, levantando la
punta del pie y coordinando el movimiento y la relajación de piernas y brazos.

1. Realizamos un *skipping* como el
   del ejercicio 3.3, empujando
   hacia adelante como si alguien
   tirara de nuestro ombligo.
2. El ejercicio debe prolongarse
   durante unos veinte o treinta
   segundos.

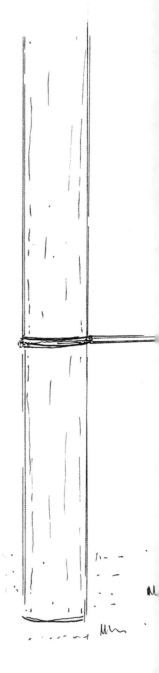

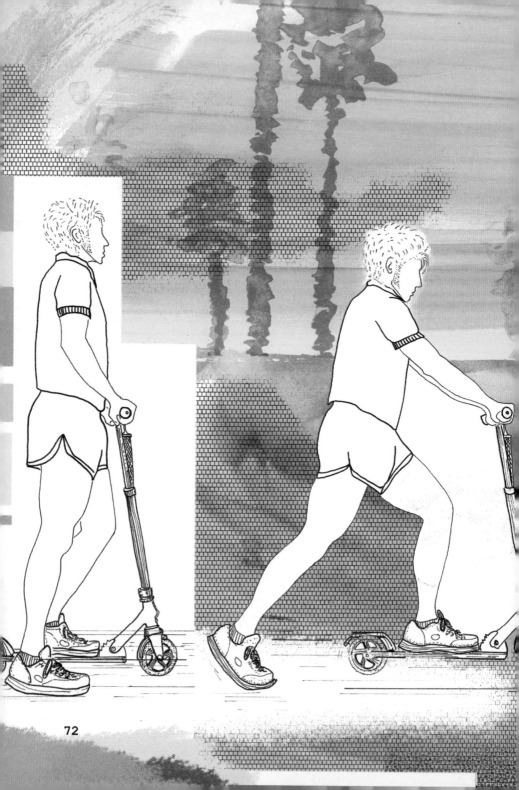

73

IMPULSA PARA IR MÁS RÁPIDO

Cuando la rodilla llega a su punto más adelantado y elevado, la cadena de extensión se pone a trabajar para llevar la pierna hacia abajo y preparar el aterrizaje del pie en el suelo (apoyo). Una vez en el suelo, la pierna de impulsión se encarga de realizar fuerza hacia abajo y hacia atrás, para desplazar el cuerpo hacia adelante.

SE CORRE
DE ATRÁS
HACIA
ADELANTE

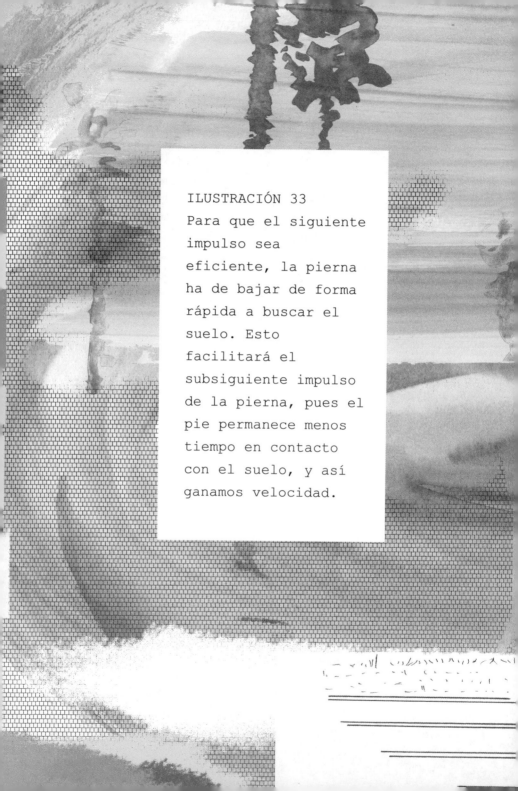

ILUSTRACIÓN 33
Para que el siguiente
impulso sea
eficiente, la pierna
ha de bajar de forma
rápida a buscar el
suelo. Esto
facilitará el
subsiguiente impulso
de la pierna, pues el
pie permanece menos
tiempo en contacto
con el suelo, y así
ganamos velocidad.

LA PIERNA
DEBE IR
EN BUSCA
DEL SUELO

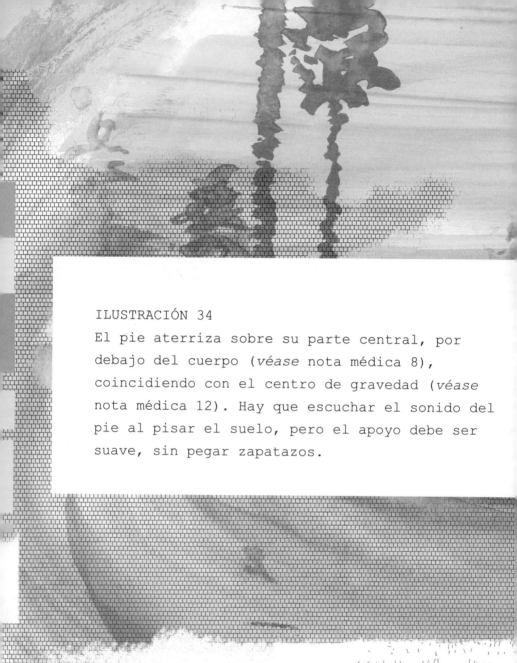

ILUSTRACIÓN 34

El pie aterriza sobre su parte central, por debajo del cuerpo (*véase* nota médica 8), coincidiendo con el centro de gravedad (*véase* nota médica 12). Hay que escuchar el sonido del pie al pisar el suelo, pero el apoyo debe ser suave, sin pegar zapatazos.

LA IMPULSIÓN SE REALIZA DESDE EL CENTRO DE GRAVEDAD HACIA ATRÁS

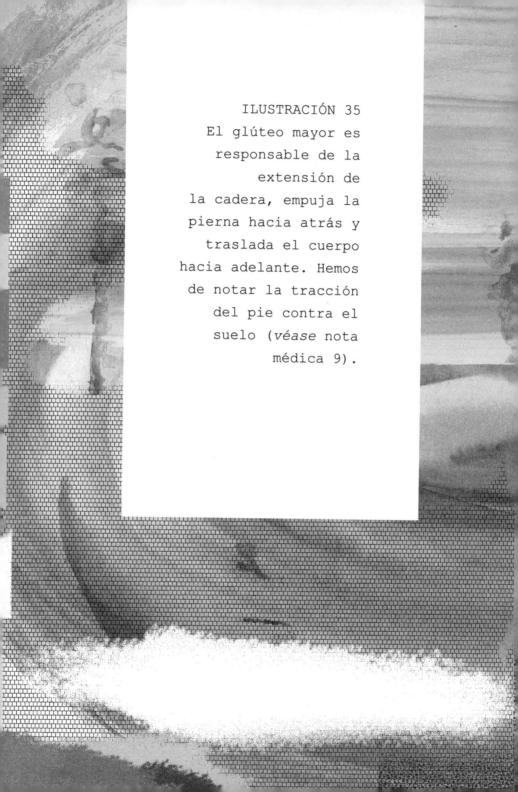

ILUSTRACIÓN 35
El glúteo mayor es
responsable de la
extensión de
la cadera, empuja la
pierna hacia atrás y
traslada el cuerpo
hacia adelante. Hemos
de notar la tracción
del pie contra el
suelo (*véase* nota
médica 9).

ILUSTRACIÓN 36
Cuanto más se abra el ángulo de la cadera al
extender la pierna de impulsión y adelantar la
pierna libre, más terreno recorreremos con cada
zancada.

ILUSTRACIÓN 37
Mientras el glúteo mayor tira de
la pierna de impulsión hacia
atrás, la rodilla y el tobillo
buscan la máxima extensión.

LA RODILLA
Y EL TOBILLO
DE LA PIERNA DE
IMPULSIÓN
HAN DE QUEDAR
COMPLETAMENTE
ESTIRADOS

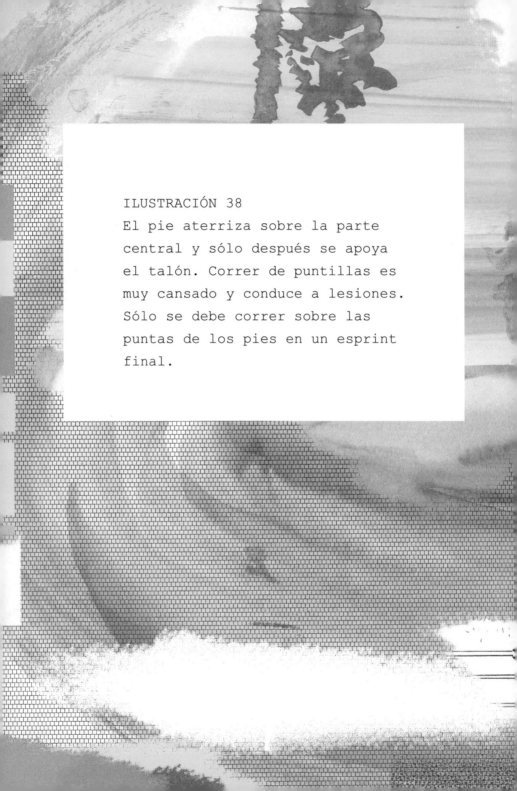

ILUSTRACIÓN 38

El pie aterriza sobre la parte central y sólo después se apoya el talón. Correr de puntillas es muy cansado y conduce a lesiones. Sólo se debe correr sobre las puntas de los pies en un esprint final.

ILUSTRACIÓN 39
Conforme el glúteo mayor arrastra
la pierna hacia atrás y la
rodilla se extiende, el tendón de
Aquiles y los gemelos se van
estirando. Así es como se prepara
el pie para el siguiente impulso,
que lo despegará del suelo (*véase*
nota médica 10).

HAY QUE
FIJAR LA
ATENCIÓN
EN LA FUERZA
QUE EJERCE
EL GLÚTEO MAYOR
HACIA ATRÁS,
NO EN LOS PIES
O LOS GEMELOS

ILUSTRACIÓN 40

Cuando se realiza la extensión completa de la cadera y la rodilla, el talón comienza a despegarse. Todo el pie se dobla hacia adelante, hasta llegar al dedo gordo (*véase* nota médica 11).

LA ORDEN MENTAL QUE DEBEMOS RECORDAR MIENTRAS CORREMOS ES «BUSCO EL SUELO RÁPIDAMENTE Y EMPUJO HACIA ATRÁS»

ILUSTRACIÓN 41
El dedo gordo es el último en abandonar el
contacto con el suelo, dando entonces
el impulso final. Su movimiento debe ser de
arrastre hacia atrás.

ILUSTRACIÓN 42
Cuando el dedo gordo abandona el contacto con el suelo, empieza la recogida de la pierna: se lleva el talón al glúteo y la rodilla, hacia adelante y hacia arriba. Comienza, pues, un nuevo ciclo.

POR MUY CANSADOS
QUE NOS SINTAMOS,
UNA TÉCNICA DE
CARRERA CORRECTA
HARÁ QUE CADA PASO
QUE DEMOS RESULTE
EFICIENTE

Ejercicios para asimilar la acción de la pierna de impulsión

Ejercicio 4.1

ILUSTRACIÓN 43/44/45

Para realizar este ejercicio necesitaremos un patinete. La acción de empuje hacia abajo y hacia atrás con que impulsamos el patín es la misma que debemos efectuar al correr.

En la ilustración 43 vemos cómo el contacto del pie con el suelo se realiza justo debajo del cuerpo y su centro de gravedad.

En la ilustración 44 vemos cómo la acción de arrastrar el pie hacia atrás desde el glúteo es lo que empuja nuestro cuerpo hacia adelante.

En la ilustración 45, al acabar la acción de la pierna de impulsión, volvemos a recoger el talón e iniciamos un nuevo ciclo.

MODIFICAR LOS MALOS HÁBITOS DE CARRERA ES DIFÍCIL. HASTA QUE ESTOS NUEVOS MOVIMIENTOS NO ESTÉN AUTOMATIZADOS, NO EXPERIMENTAREMOS SENSACIONES PLACENTERAS

Ejercicio 4.2

ILUSTRACIÓN 46

Para realizar este ejercicio necesitaremos unas escaleras, ya que queremos entrenar el descenso rápido de la pierna cuando el pie va en busca del suelo.

Una vez más, el mentón debe dirigirse hacia el pecho, los hombros y las manos están relajados, los codos forman un ángulo de noventa grados e inclinamos el cuerpo hacia adelante desde los tobillos. Además, hay que llevar el talón al glúteo y levantar la punta del pie.

1. Nos aproximamos a las escaleras haciendo un *skipping*.
2. Subimos los escalones de uno en uno, primando la velocidad de ejecución del movimiento.

POR MUY CANSADOS
QUE NOS SINTAMOS,
UNA TÉCNICA
DE CARRERA CORRECTA
HARÁ QUE CADA PASO
QUE DEMOS
RESULTE EFICIENTE

Ejercicio 4.3

ILUSTRACIÓN 47

Para este ejercicio necesitamos de nuevo unas escaleras, ya que queremos potenciar el trabajo del glúteo mayor y la extensión de la pierna en el movimiento de impulsión.

Una vez más, el mentón debe dirigirse hacia el pecho, los hombros y las manos están relajados, los codos forman un ángulo de noventa grados e inclinamos el cuerpo hacia adelante desde los tobillos. Además, hay que llevar el talón al glúteo, levantar la punta del pie y estirar la pierna de impulsión al completo.

1. Nos aproximamos a las escaleras corriendo.
2. Subimos los escalones a la carrera, de tres en tres, primando la extensión total de la pierna de impulsión.

AMPLITUD Y FRECUENCIA

- Adecuando tu estilo a estas instrucciones verás que puedes correr con una frecuencia mayor.

- La cadencia de zancada está relacionada con la proactividad del corredor. Una mayor frecuencia requiere de un mayor esfuerzo y concentración por su parte.

- Los corredores de élite tienen, durante la prueba del maratón, una cadencia superior a las 180 zancadas por minuto.

- La amplitud de la zancada se irá adaptando de forma natural a tu cadencia.

- Recuerda que siempre debes realizar la extensión completa de la pierna de impulso.

- Un exceso de amplitud conlleva el riesgo de sufrir sobrecargas.

- Cuando aparece la fatiga, tendemos a alargar la zancada y perdemos frecuencia, lo que nos hace ir más lentos. Es el momento de concentrarnos en los brazos para que nos ayuden a mantener el ritmo.

- Cuando quieras cambiar de ritmo para atrapar a un grupo o adelantar a un rival, aumenta la frecuencia de brazos y piernas. Consumirás menos energía.

- Solamente alargaremos la zancada cuando busquemos cambiar de ritmo de cara al esprint final.

ERRORES QUE DEBES EVITAR

La postura

ILUSTRACIÓN 48
Echar la cabeza hacia atrás hará que también llevemos el cuerpo hacia atrás, que levantemos las rodillas en exceso y que entremos con el pie de talón. Todo ello nos frenará.

ILUSTRACIÓN 49

Correr con la cabeza hacia abajo, mirándonos los pies, provocará que nos doblemos por la cintura, que la caja torácica se cierre y disminuya la capacidad ventilatoria de los pulmones, y que perdamos fuerza al no poder extender por completo la pierna de impulsión.

ILUSTRACIÓN 50

Subir los hombros hacia las orejas hará que se agarroten los brazos y los músculos faciales, provocará fatiga al obligarnos a gastar energías manteniendo una contracción innecesaria y nos llevará a perder movilidad y amplitud de zancada (*véase* nota médica 1).

ILUSTRACIÓN 51

Apretar la mandíbula conlleva el agarrotamiento de cara, cuello, hombros y brazos, con consecuencias similares a las descritas en el punto anterior.

ILUSTRACIÓN 52

Cuando el tronco se dobla por la cintura, las caderas descienden y van hacia atrás, con lo que corremos prácticamente sentados. Esto limita la extensión del glúteo mayor y la impulsión, con lo que avanzamos alargando la zancada por delante, entramos de talón y el centro de gravedad queda por detrás del pie, todo lo cual contribuye a frenarnos.

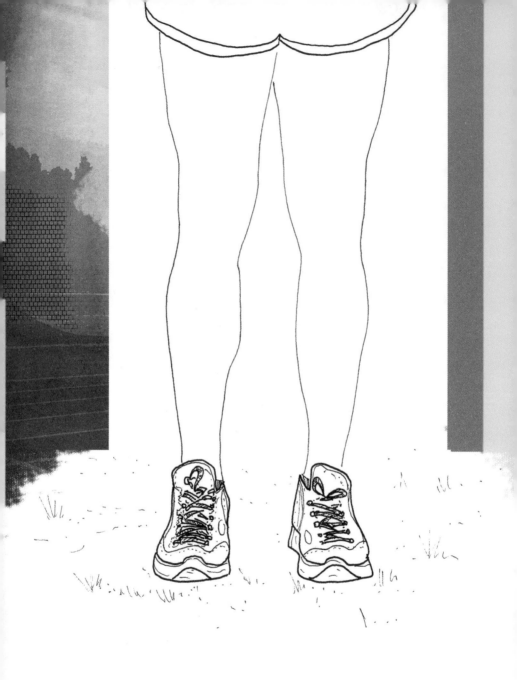

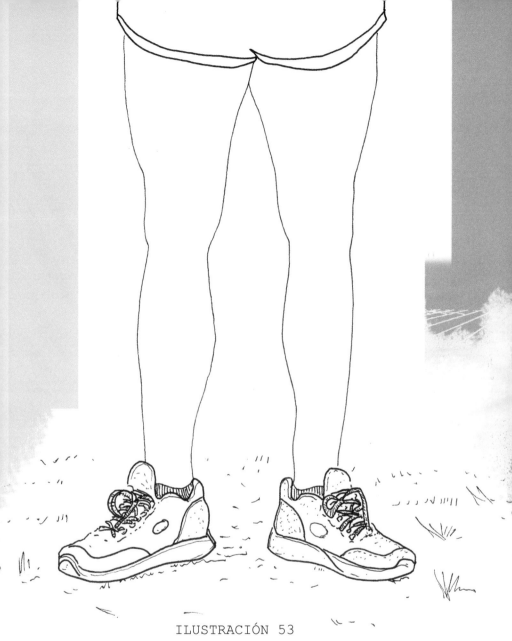

ILUSTRACIÓN 53

Correr con los pies abiertos hace que perdamos
desplazamiento hacia adelante, además de poder
provocar la rotación externa de toda
la pierna.

Los brazos

ILUSTRACIÓN 54
Correr con los codos
cerrados y los puños
apretados agarrota
los brazos, provoca
pérdida de movilidad
y conduce a un
consumo excesivo de
energía, lo que nos
agotará antes de
tiempo.

ILUSTRACIÓN 55
Correr con los brazos estirados y los codos poco doblados provocará que cueste más trabajo realizar el movimiento hacia adelante y hacia atrás del brazo. Perderemos, pues, frecuencia de brazos y de piernas, y consumiremos más energía.

ILUSTRACIÓN 56
Cruzar los brazos
o los hombros por
delante nos hará
correr de lado a
lado, dejaremos de
desplazarnos hacia
adelante.

ILUSTRACIÓN 57
Correr con los brazos por delante del cuerpo, sin desplazarlos hacia atrás, nos hará perder la acción de impulsión del glúteo mayor.

ILUSTRACIÓN 58
Correr con los brazos hacia arriba, llevando las manos a la cara, provocará que parte del desplazamiento horizontal hacia adelante se vea sustituido por un movimiento hacia arriba y hacia abajo sobre un eje vertical, lo que representará un gasto inútil de energía.

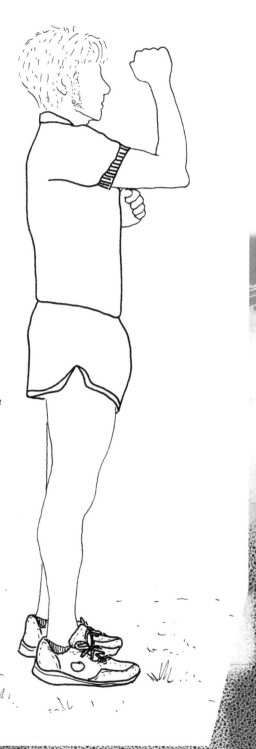

ILUSTRACIÓN 59

Al no mover los brazos se pierde la acción compensatoria de la carrera con todo el cuerpo, y las piernas no realizan la acción completa.

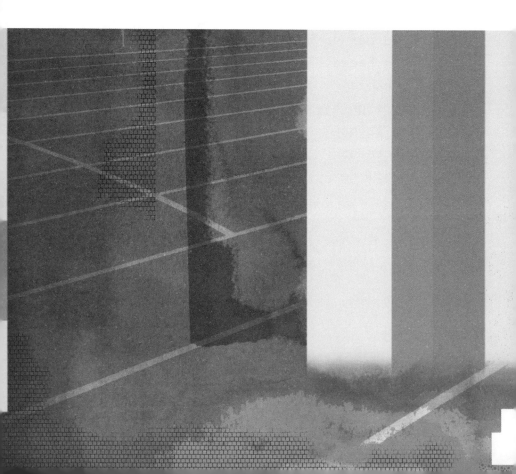

Cadena de flexión
Pierna libre

ILUSTRACIÓN 60
Evita pasar la pierna libre de atrás hacia adelante con el pie a ras de suelo. La pierna libre debe levantarse y el pie debe pasar por encima del tobillo del pie de apoyo.

ILUSTRACIÓN 61

Otro gran error, sobre todo al esprintar, consiste en levantar excesivamente las rodillas y echar todo el cuerpo hacia atrás. En consecuencia, el centro de gravedad se desplaza hacia atrás, el glúteo mayor y la pierna de impulsión pierden extensión, sobrecargamos los gemelos y el sóleo, y, en definitiva, gastamos más energía para frenarnos y perder velocidad.

Cadena de extensión
Pierna de impulso

ILUSTRACIÓN 62

Al correr sentado, las caderas bajan y el centro de gravedad se desplaza hacia atrás. El pie entra de talón, con el consiguiente efecto de frenada. La pierna de impulsión no empuja hacia atrás con el glúteo mayor y se pierde desplazamiento hacia adelante. Al no poder extender la rodilla, perdemos el trabajo de empuje que realiza el cuádriceps. Todo el trabajo de desplazamiento hacia adelante del cuerpo queda a cargo de los gemelos y el sóleo, que se exponen a sobrecargas.

ILUSTRACIÓN 63

Otra consecuencia de lo anterior es alargar la zancada, llevando a que el pie contacte con el suelo muy por delante del cuerpo. Con ello volveremos a entrar de talón y a frenarnos.

CUANDO ESTÁS MÁS FUERTE CORRES MÁS Y TE LESIONAS MENOS

Tronco - Core
Contracción del transverso

ILUSTRACIÓN 64

Posición de partida

Nos tumbamos boca arriba, con las rodillas flexionadas y las plantas de los pies pegadas al suelo. Llevamos el mentón al pecho, alargando el cuello, y ponemos una mano debajo de las lumbares.

Movimiento

Hacemos presión con las lumbares sobre nuestra mano y contra el suelo. No debemos apretar los glúteos ni hacer apnea: debes ser capaz de hablar mientras realizas el ejercicio. Mantenemos esta posición durante veinte segundos.

Plancha con elevación alternativa de piernas

ILUSTRACIÓN 65

Posición de partida

Tumbados boca abajo, colocamos los brazos (doblados por los codos) y las rodillas en el suelo, manteniendo siempre la espalda recta. Activamos el transverso del abdomen como en el ejercicio anterior. Después levantamos las rodillas y quedamos totalmente rectos.

Movimiento

Levantamos una y otra pierna alternativamente, manteniéndolas tres segundos arriba. La pierna que realiza el trabajo es la que queda en contacto con el suelo, pues aguanta todo el peso del cuerpo. Realizamos entre cinco y diez repeticiones con cada pierna.

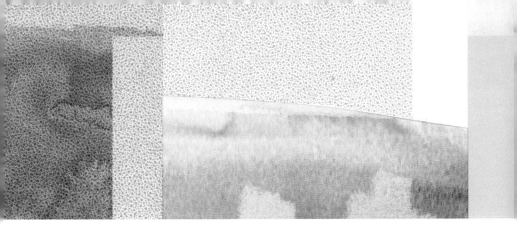

Plancha de costado

ILUSTRACIÓN 66

Posición de partida

Nos estiramos de costado, con codo y antebrazo apoyados en el suelo, las piernas rectas y los pies en paralelo.

Movimiento

Subimos la cadera, de modo que sólo el codo y el pie toquen el suelo. Mantenemos la posición durante veinte segundos.

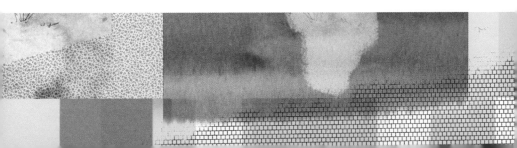

Plancha invertida isométrica

ILUSTRACIÓN 67

Posición de partida
Nos sentamos en el suelo con las piernas estiradas y los brazos apoyados por detrás del cuerpo.

Movimiento
Levantamos la cadera todo lo que podamos, de modo que el cuerpo quede alineado con la cabeza. El mentón debe mantenerse pegado al pecho, alargando el cuello. Mantenemos la posición durante veinte segundos.

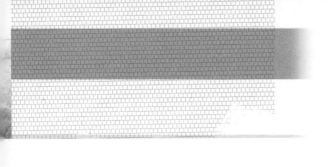

Extensión del glúteo en cuadrupedia

ILUSTRACIÓN 68

Posición de partida

Nos colocamos en cuadrupedia, con la espalda recta y el transverso activado.

Movimiento

Levantamos una pierna recta hacia atrás para trabajar el glúteo mayor. A la vez, levantamos el brazo opuesto hacia adelante. A continuación, llevamos la rodilla al pecho y bajamos el brazo para tocar la rodilla. Repetimos el ejercicio diez veces con cada pierna.

Abducción lateral del glúteo mayor

ILUSTRACIÓN 69
Posición de partida
Nos colocamos en cuadrupedia, con la espalda
recta y el transverso activado.

Movimiento
Levantamos de costado la pierna doblada por la
rodilla. El brazo opuesto se levanta también
lateralmente. A continuación, regresamos a la
posición de partida. Repetimos el ejercicio
diez veces con cada pierna.

Pase de vallas

ILUSTRACIÓN 70

Posición de partida

Nos colocamos en cuadrupedia, con la espalda recta y el transverso activado.

Movimiento

Realizamos un movimiento de circunducción, como si estuviéramos saltando una valla, empezando por la extensión hacia atrás de la pierna. Repetimos el ejercicio diez veces con cada pierna.

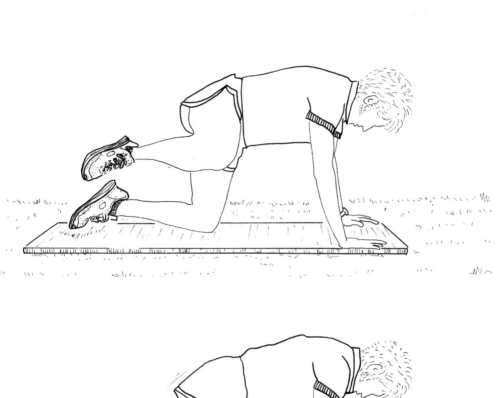

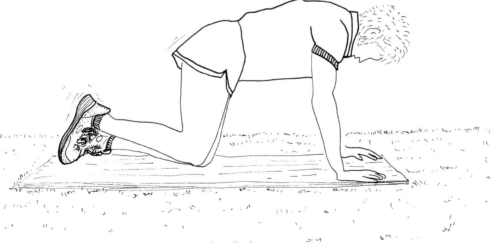

Extensores de la columna

ILUSTRACIÓN 71

Posición de partida

Nos tumbamos boca abajo, con las piernas estiradas y los brazos estirados también por encima de la cabeza. Levantamos pierna y brazo opuestos alternativamente. Realizamos entre cinco y diez repeticiones de cada lado.

Oblicuos

ILUSTRACIÓN 72

Posición de partida

Tumbados boca arriba con los brazos en cruz y las piernas juntas, doblamos la cadera y las rodillas noventa grados.

Movimiento

Bajamos la pierna de un lado y regresamos al centro. A continuación bajamos la pierna del otro lado y regresamos al centro. Realizamos entre cinco y diez repeticiones de cada lado.

Cuádriceps
Media sentadilla con goma

ILUSTRACIÓN 73

Posición de partida

De pie, con las piernas separadas un poco más allá del eje de las caderas, con una goma elástica justo por encima de las rodillas.

Movimiento

Realizamos el movimiento de la sentadilla, bajando los glúteos (sin doblarnos por la cintura), y durante el descenso hacemos fuerza para abrir las rodillas contra la goma. Al subir intentaremos cerrar las rodillas poco a poco, sin que la goma nos haga volver de golpe a la posición de partida.

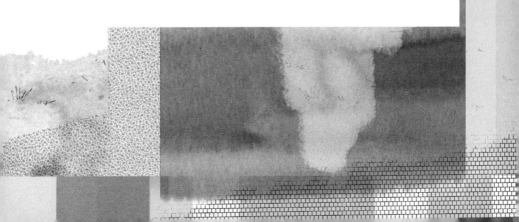

Media sentadilla búlgara

ILUSTRACIÓN 74

Posición de partida

De pie sobre una pierna, ya que la otra la apoyamos por detrás en un banco o escalón.

Movimiento

Realizamos la flexión de la pierna apoyada en el suelo. La rodilla ha de dirigirse siempre hacia afuera. Y, en su estado de máxima flexión, jamás debe sobrepasar la punta del pie.

«Step Up»

ILUSTRACIÓN 75

Posición de partida

De pie frente a un banco, colocamos un pie sobre éste de tal manera que la cadera y la rodilla queden flexionadas noventa grados.

Movimiento

Subimos al banco por la extensión de la pierna y levantamos la pierna libre con el movimiento de recogida. Los brazos deben estar sincronizados y pondremos especial atención a la extensión completa de la rodilla y el tobillo. A continuación, bajamos del banco y realizamos el movimiento con la pierna contraria.

Fondos

ILUSTRACIÓN 76
Posición de partida
De pie.

Movimiento
Damos un paso al frente, empujando con la pierna que queda detrás. Cuando la pierna de delante contacta con el suelo, flexionamos la rodilla hasta los noventa grados. La rodilla nunca debe sobrepasar la punta del pie, pero la pierna de atrás queda completamente estirada. Avanzamos un paso tras otro.

Paso de cangrejo con goma

ILUSTRACIÓN 77

Posición de partida

De pie, con las piernas ligeramente abiertas, colocamos una goma a la altura de los tobillos.

Movimiento

Realizamos un paso lateral, tirando al máximo de la goma. Después juntamos las piernas aguantando la tracción de la goma. Seguimos avanzando lateralmente en una dirección y después lo hacemos en la dirección contraria.

Plancha lateral en escalón

ILUSTRACIÓN 78

Posición de partida

De pie, nos apoyamos lateralmente en un banco o escalón con el brazo estirado. El cuerpo queda inclinado con el tronco y las piernas rectas, en posición de plancha.

Movimiento

Levantamos la pierna y el brazo que no están apoyados para volver a la posición de firmes.

Farola

ILUSTRACIÓN 79

Posición de partida

De pie, junto a una farola
o una pared. Levantamos una
pierna noventa grados en la
flexión de cadera y rodilla.

Movimiento

Realizamos una presión
lateral con la rodilla sobre
la farola o pared.

Glúteo mayor e isquiotibiales Puente

ILUSTRACIÓN 80

Posición de partida

Tumbados boca arriba, con las rodillas dobladas y los pies apoyados sobre un banco o escalón. El mentón permanece pegado al pecho, de modo que alarguemos el cuello, y dejamos los brazos estirados a lo largo del cuerpo.

Movimiento

Levantamos la cadera empujando con los glúteos hacia arriba y la volvemos a bajar. Los corredores de nivel avanzado pueden hacerlo con una sola pierna alternando entre una y otra.

Plancha invertida

ILUSTRACIÓN 81

Posición de partida

Sentados en el suelo, con las piernas estiradas y los brazos apoyados por detrás del cuerpo.

Movimiento

Levantamos la cadera todo lo que podamos, de modo que el cuerpo al completo quede alineado con la cabeza. El mentón debe permanecer siempre pegado al pecho, alargando el cuello. Realizamos repeticiones subiendo las caderas con las dos piernas. Los corredores de nivel avanzado pueden hacerlo con una sola pierna alternando entre una y otra.

«Curl» de isquiotibiales con «fitball»

ILUSTRACIÓN 82

Posición de partida

Tumbados boca arriba con los pies sobre la pelota.

Movimiento

1. Levantamos la cadera todo lo que podamos.
2. Flexionamos caderas y rodillas haciendo que la pelota ruede hacia nosotros.
3. Extendemos las piernas para regresar a la posición número 1.
4. Bajamos la cadera hasta tocar el suelo.

En un nivel más avanzado, realizaremos el mismo ejercicio con una sola pierna.

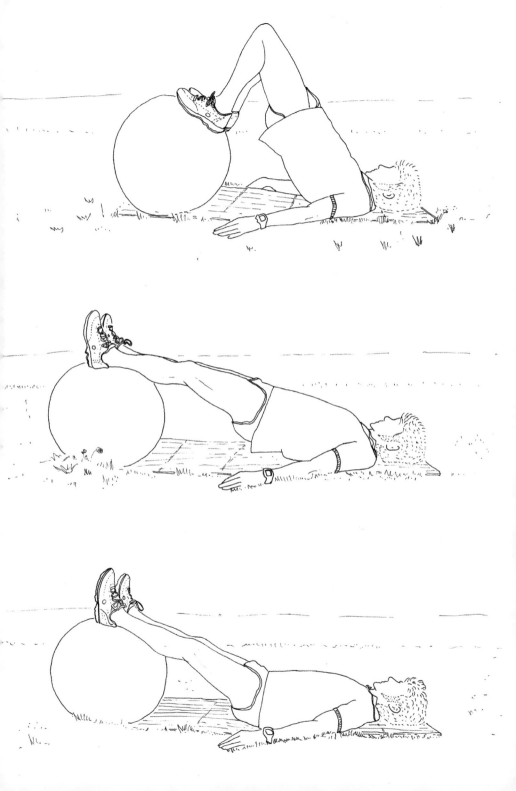

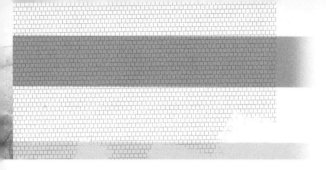

Excéntrico de isquiotibiales

ILUSTRACIÓN 83

Posición de partida

De pie, en apoyo sobre una sola pierna.
La pierna libre se halla, con flexión de
cadera y de rodilla,
en la posición de recogida.
Los brazos replican
la posición de las piernas.

Movimiento

Nos doblamos por la cintura para llevar la
mano opuesta al pie que está en el suelo.
La pierna libre mantiene la flexión de rodilla
y cadera. Volvemos a subir y quedamos rectos
en la posición inicial.

RECOGIDA DE LA PIERNA CON GOMA

ILUSTRACIÓN 84

POSICIÓN DE PARTIDA

DE PIE, CON UNA PIERNA RETRASADA A PUNTO DE DESPEGARSE DEL SUELO. SUJETAMOS LA GOMA ENTRE NUESTRO TOBILLO Y UN ÁRBOL O FAROLA CON EL ENGANCHE BAJO, A RAS DE SUELO.

MOVIMIENTO

REALIZAMOS EL GESTO DE RECOGER LA PIERNA LIBRE FLEXIONANDO LA CADERA, LA RODILLA Y EL PIE, CON LA INTENCIÓN DE LLEVAR EL TALÓN HACIA EL GLÚTEO. LA GOMA AGUANTA EL MOVIMIENTO DE LLEVAR LA PIERNA HACIA ADELANTE. AL VOLVER ÉSTA HACIA ATRÁS, NOSOTROS AGUANTAMOS LA FUERZA DE LA GOMA.

Brazos

Flexiones de brazos («push-ups»)

ILUSTRACIÓN 85

Posición de partida

Tumbados boca abajo, colocamos las manos a la altura de los hombros. Dependiendo del nivel del corredor, podemos realizar las flexiones apoyados sobre las rodillas o los dedos de los pies. Extendemos los brazos y levantamos el cuerpo.

Movimiento

Flexionamos los brazos hasta tocar el suelo con el pecho y volvemos a subir.

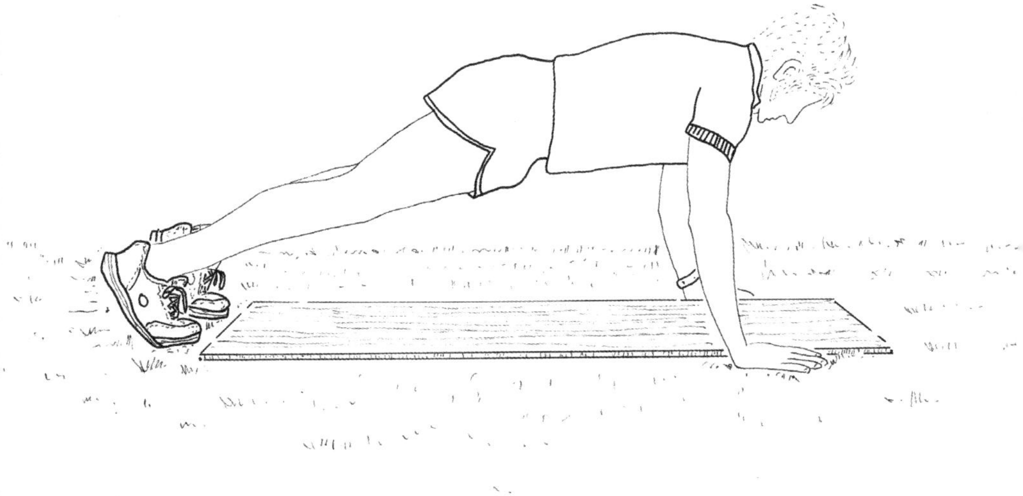

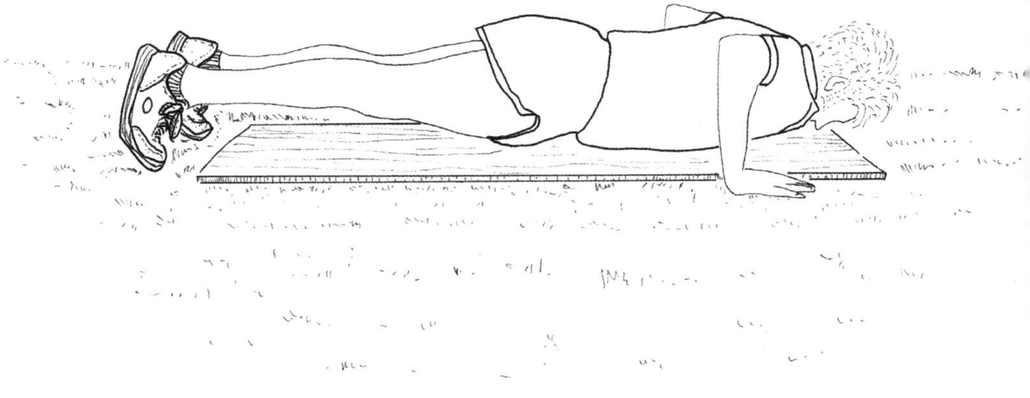

Tracciones de dorsales («pull-ups»)

ILUSTRACIÓN 86

Posición de partida

Tumbados boca arriba, cogemos la barra con las manos un poco más abiertas respecto a la altura de los hombros. Levantamos las caderas y nos quedamos apoyados sobre los talones en la posición de plancha.

Movimiento

Realizamos flexiones de brazos. Cuando la barra toca el pecho, volvemos a extenderlos.

179

Tríceps

ILUSTRACIÓN 87

Posición de partida

Apoyamos las manos en un banco y estiramos las piernas.
Los talones se mantienen en contacto con el suelo.

Movimiento

Bajamos el cuerpo flexionando los brazos hasta apoyar los glúteos en el suelo y subimos realizando una extensión de brazos.
El pecho (esternón) debe mantenerse en posición vertical durante todo el movimiento.

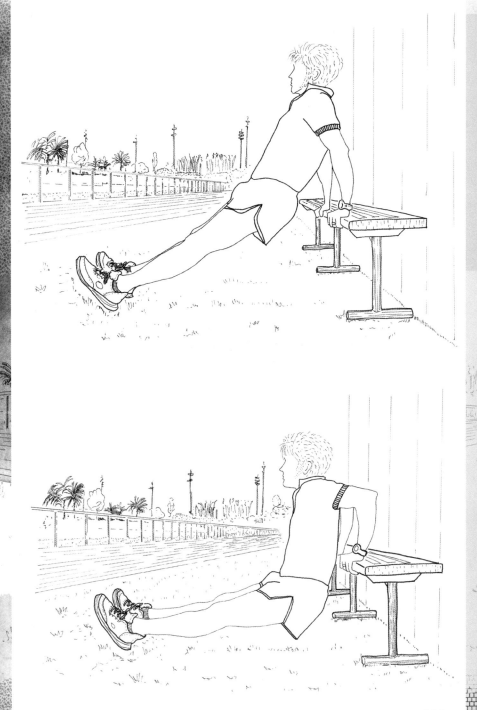

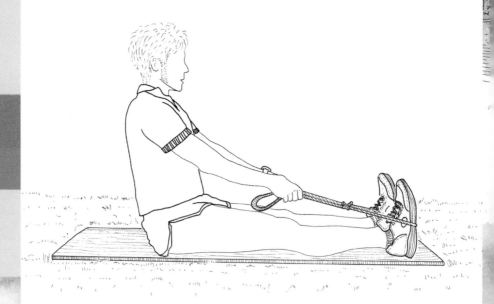

Remo con goma

ILUSTRACIÓN 88

Posición de partida

Nos sentamos en el suelo con las piernas estiradas y el tronco en un ángulo de noventa grados. Pasamos la goma por las plantas de los pies y la cogemos con los brazos estirados.

Movimiento

Tiramos de la goma flexionando los codos y llevándolos hacia atrás todo cuanto sea posible.

Gemelos y sóleo

Isométrico de los dedos de los pies

ILUSTRACIÓN 89
Posición de partida
De pie.

Movimiento
Nos ponemos de puntillas y mantenemos la posición durante treinta segundos. Cada semana sumaremos diez segundos al ejercicio.

Isométrico con un pie

ILUSTRACIÓN 90

Posición de partida

De puntillas, como continuación del ejercicio anterior.

Movimiento

Levantamos una pierna y mantenemos la posición de puntillas sobre un solo pie durante quince segundos. Cada semana sumaremos cinco segundos al ejercicio.

Dinámico de puntillas

ILUSTRACIÓN 91
Posición de partida
De pie.

Movimiento
Subimos los talones hasta ponernos de puntillas y bajamos los talones de ambos pies. Repetimos el movimiento veinte veces. A continuación, hacemos diez repeticiones más con cada uno de los pies en solitario.

Salto hacia delante y atrás/lado a lado

ILUSTRACIÓN 92

Posición de partida

De pie. Marcamos una línea frente a nosotros.

Movimiento

Saltamos la línea hacia adelante y hacia atrás (A-B). A continuación nos colocamos de costado a ella y la saltamos a un lado y a otro (C-D).

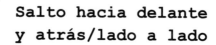

A-B

C-D

PERSISTE EN TU EMPEÑO

CINCO MINUTOS
DE TRABAJO
GIMNÁSTICO
EQUIVALEN
A UNA CARRERA
DE KILÓMETRO

¿En qué consiste el entrenamiento en circuito?

Realizamos el primer ejercicio, cambiamos al segundo sin pausa de recuperación, seguimos con el tercero… Así, al acabar el último habremos realizado un circuito completo. Entonces procedemos con el segundo circuito.

Este sistema permite mantener un alto estado de pulsaciones mientras lo realizamos porque la recuperación entre ejercicios es muy corta, se limita al cambio de posición. De ese modo, a la vez que realizamos un trabajo anaeróbico y de fuerza localizado en un músculo en concreto, también realizamos un entrenamiento aeróbico general de todo el cuerpo.

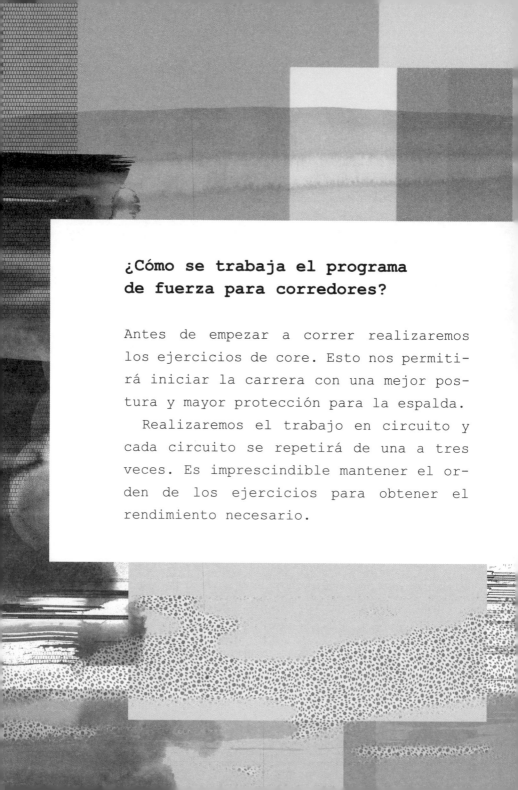

¿Cómo se trabaja el programa de fuerza para corredores?

Antes de empezar a correr realizaremos los ejercicios de core. Esto nos permitirá iniciar la carrera con una mejor postura y mayor protección para la espalda.

Realizaremos el trabajo en circuito y cada circuito se repetirá de una a tres veces. Es imprescindible mantener el orden de los ejercicios para obtener el rendimiento necesario.

7.1 Programa de core

a) Ilustración 64
Durante treinta segundos (quince segundos para principiantes).

b) Ilustración 65
Diez repeticiones con cada pierna cinco repeticiones para principiantes).

c) Ilustración 66
Durante treinta segundos (quince segundos para principiantes).

d) Ilustración 67
Durante treinta segundos (quince segundos para principiantes).

e) Ilustración 68
Diez repeticiones con cada pierna (cinco repeticiones para principiantes).

f) Ilustración 69
Diez repeticiones con cada pierna (cinco repeticiones para principiantes).

g) Ilustración 70
Diez repeticiones con cada pierna (cinco repeticiones para principiantes).

h) Ilustración 71
Diez repeticiones con cada pierna (cinco repeticiones para principiantes).

i) Ilustración 72
Diez repeticiones con cada pierna (cinco repeticiones para principiantes).

7.2 Programas de acondicionamiento general de fuerza para corredores

Cada uno de estos cuatro programas debe ser realizado durante cuatro semanas, a razón de dos veces por semana tras el rodaje. Se trata de circuitos de cinco ejercicios. Al acabar cada circuito recuperaremos durante dos minutos y aprovecharemos para hidratarnos.

- Durante la primera semana realizaremos tres circuitos.
- Durante la segunda semana realizaremos cuatro circuitos.
- Durante la tercera semana realizaremos cinco circuitos.
- Durante la cuarta semana realizaremos tres circuitos.

7.2.1 Programa 1

a) Ilustración 73
De diez a doce repeticiones (cinco-seis para principiantes).

b) Ilustración 77
Diez repeticiones en cada lado (cinco para principiantes).

c) Ilustración 80
Diez repeticiones (cinco para principiantes). Los corredores avanzados pueden realizar diez repeticiones con cada pierna.

d) Ilustración 85
De diez a doce repeticiones (los principiantes pueden realizar el ejercicio con las rodillas en el suelo y menos repeticiones).

e) Ilustración 89
Realizaremos 30 segundos con los dos pies. Después 20 segundos con cada pie.

7.2.2 Programa 2

a) Ilustración 74
Diez repeticiones con cada pierna
(seis para principiantes).

b) Ilustración 78
Diez repeticiones en cada lado
(cinco para principiantes).

c) Ilustración 81
Diez repeticiones con las dos piernas
(cinco para principiantes).
Los corredores avanzados pueden realizar
entre cinco y diez repeticiones
con cada pierna.

d) Ilustración 86
Diez repeticiones (de tres a cinco para
principiantes).

e) Ilustración 90
Diez repeticiones con los dos pies, y
después diez repeticiones con cada pie.

7.2.3. Programa 3

a) Ilustración 75
Diez repeticiones con cada pierna (cinco con cada pierna para principiantes).

b) Ilustración 77
Diez repeticiones en cada lado (cinco para principiantes).

c) Ilustración 82
Diez repeticiones con las dos piernas (cinco para principiantes).
Los corredores avanzados pueden realizar diez repeticiones con cada pierna. Si no tienes un «fitball», puedes realizar el ejercicio de la ilustración 82D con diez repeticiones por pierna.

d) Ilustración 87
De diez a quince repeticiones (de cinco a ocho para principiantes).

e) Ilustración 91
Diez repeticiones, manteniendo los tres segundos, con los dos pies y después diez repeticiones por tres segundos con cada pie.

7.2.4 Programa 4

a) Ilustración 76
Diez repeticiones con cada pierna (cinco para principiantes). Se puede añadir el peso de unas mancuernas o un disco.

b) Ilustración 79
Con cada pierna:
Treinta segundos - primera semana.
Cuarenta segundos - segunda semana.
Cincuenta segundos - tercera semana.
Sesenta segundos - cuarta semana.

c) Ilustración 83
Quince repeticiones con cada pierna (diez para principiantes).

d) Ilustración 88
Quince repeticiones (ocho para principiantes).

e) Ilustración 92
Quince repeticiones sobre el mismo sitio, y después empezamos a avanzar hacia delante, quince repeticiones más. Mantenemos el mismo movimiento.

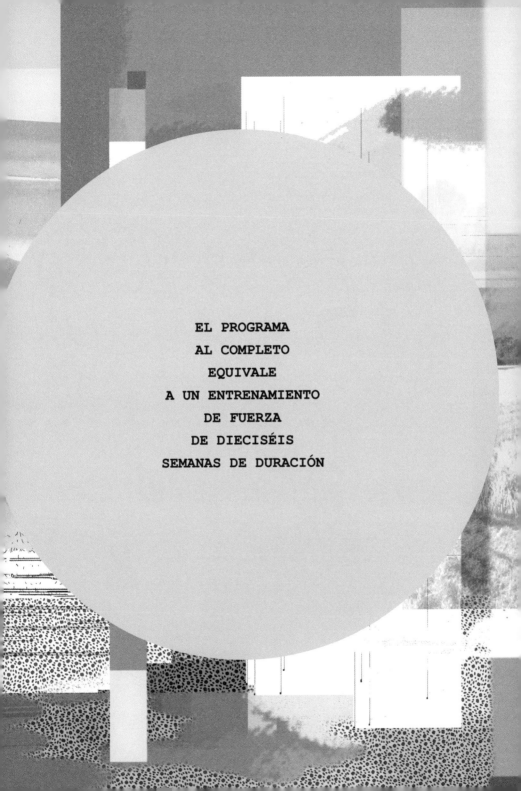

EL PROGRAMA
AL COMPLETO
EQUIVALE
A UN ENTRENAMIENTO
DE FUERZA
DE DIECISÉIS
SEMANAS DE DURACIÓN

FUNDAMENTOS BIOMECÁNICOS DEL MÉTODO XCF

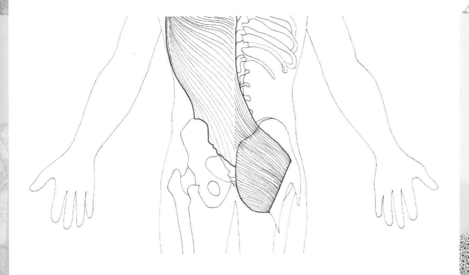

ILUSTRACIÓN 93 - *Nota médica 1*

La fascia del dorsal ancho se co-
munica con la fascia lumbotoráci-
ca, que tiene continuidad a través del sacro con la acción del
glúteo mayor al otro lado.

Cuanto más activa sea la extensión del codo hacia atrás, más
potente resultará la acción ex-
tensora del glúteo mayor y más
larga será la zancada.

ILUSTRACIÓN 94 - *Nota médica 2*

La debilidad o inhibición del glúteo medio provoca la aducción contralateral de la pelvis. Este defecto biomecánico se produce cuando hay una caída contralateral en el apoyo monopodal (Trendelemburg). A causa de un desequilibrio muscular, el glúteo medio (como músculo postural) y el cuadrado lumbar y el oblicuo externo (como músculos fásicos) no consiguen fijar la pelvis al fémur.

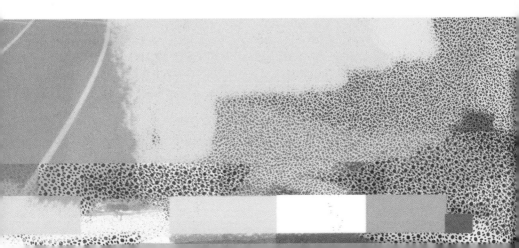

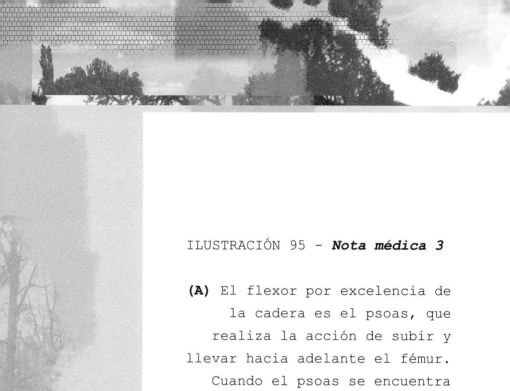

ILUSTRACIÓN 95 - *Nota médica 3*

(A) El flexor por excelencia de la cadera es el psoas, que realiza la acción de subir y llevar hacia adelante el fémur. Cuando el psoas se encuentra débil o inhibido, normalmente se ve sustituido por parte del recto anterior.
(B) Esto produce un movimiento pendular de la extremidad inferior: la zancada se alarga, se aterriza con el talón y el efecto resultante es de frenada.

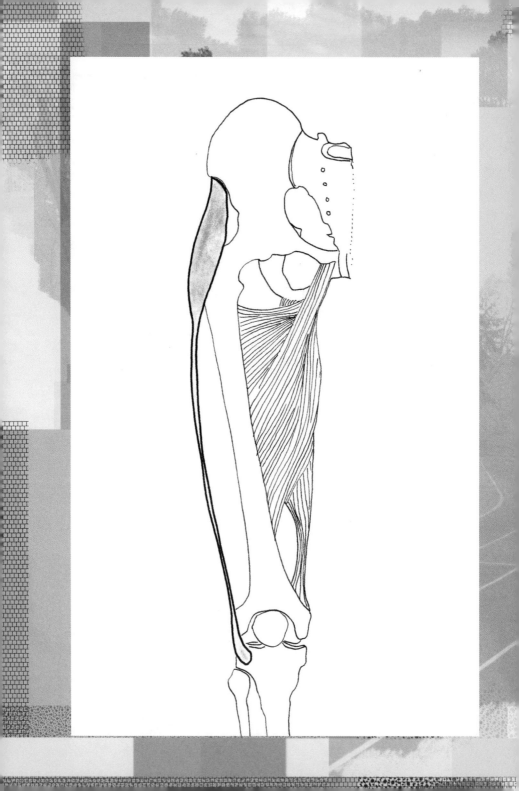

ILUSTRACIÓN 96 - *Nota médica 4*

Un psoas débil también obliga, gene-
ralmente, a un trabajo compensatorio
por parte del TFL (tensor de la fascia lata), que por su disposición
anatómica tiene la capacidad de ayu-
dar a la flexión de la cadera. Al
cabo de un tiempo, la longitud de la
fascia lata se reducirá y se producirá un aumento de la tensión sobre la
rodilla (lo que puede conducir al
síndrome de cintilla iliotibial).
Esta hipertonía de la fascia lata
también suele producir una compensa-
ción del aductor largo.

ILUSTRACIÓN 97 - *Nota médica 5*

(A) Cuando la patinadora tiene
los brazos abiertos, gira despacio.
(B) Cuando la patinadora pega
los brazos al cuerpo, la velocidad de giro aumenta.

Esto es debido al momento de inercia
($I = M \times$ distancia al cuadrado).
A mayor distancia, más fuerza es necesaria para
realizar el movimiento. Si queremos pasar la pierna
estirada hacia adelante, la I será mayor y el
movimiento resultará más lento. Si llevamos el talón
al glúteo, en cambio, el brazo de palanca será más
corto, la I más pequeña y, por tanto, tendremos que
hacer menos fuerza para que el movimiento sea más
rápido.

ILUSTRACIÓN 98 - *Nota médica 6*

El preestiramiento de los gemelos (al levantar
la punta del pie) antes del aterrizaje del pie
en el suelo permite cargar de fuerza elástica el
tendón de Aquiles. Es decir, que se ahorra la
energía almacenada en el tendón; tenemos un
movimiento más reactivo en la fase de contacto
con el suelo y de impulsión, y, al acortarse el
tiempo que el pie pasa en contacto con el suelo,
se da más velocidad al movimiento.

ILUSTRACIÓN 99

Nota médica 7

Al inclinar el cuerpo
hacia adelante desde los
tobillos, llevamos el
centro de gravedad fuera
de la base de
sustentación. Así, la
gravedad produce una
aceleración frontal que
nos ayudará en nuestro
desplazamiento. Si
queremos correr a más
velocidad, inclinaremos
aún más el cuerpo hacia
adelante. Tal es el
primer paso de la
aceleración sin gastar
energía.

ILUSTRACIÓN 100
Nota médica 8

Entrar de talón produce un efecto de frenada por la resultante de los vectores de fuerza. El suelo ejerce una fuerza N en sentido contrario a la fuerza que nosotros aplicamos contra el suelo. Al entrar de talón, la fuerza N va hacia atrás.

ILUSTRACIÓN 101 - *Nota médica 9*

El glúteo mayor es el músculo extensor de
la cadera por excelencia. Se trata de un
músculo grande y potente, con un tanto por
ciento muy alto de fibras rojas, que
permiten mantener el esfuerzo durante mucho
tiempo. Es el músculo de la bipedestación;
nos permite estar de pie y avanzar caminando
o corriendo.

La vida sedentaria propia de los tiempos
actuales hace que este músculo se encuentre
débil o inhibido. Ni siquiera al caminar
estiramos la pierna por detrás. Esto lleva
a que busquemos otras estrategias para
correr y utilicemos músculos sustitutorios.
Por ejemplo, para alargar el paso hacia
adelante se suele utilizar el recto
anterior. Esto hace que el cuerpo se eche
hacia atrás, que entremos de talón y que
se genere un efecto de frenada.

Los isquiotibiales son otro grupo
muscular que intenta sustituir al glúteo
mayor en la extensión de la cadera.
Al aumentar su esfuerzo «natural» es cuando
se sobrecargan y lesionan.

ILUSTRACIÓN 102

Nota médica 10

Cuando el tendón de Aquiles se
estira también se carga de fuerza
elástica, igual que cuando tensamos
la cuerda de un arco.

Así, cuanto más se estire el tendón
de Aquiles, más se cargará de una
energía que liberaremos cuando el
talón comience a despegarse del
suelo, con lo que el cuerpo saldrá
disparado hacia adelante como una
flecha.

ILUSTRACIÓN 103 - *Nota médica 11*

Cuando entramos de talón y frenamos el cuerpo, los gastrocnemios (gemelos) y el sóleo son los encargados de realizar el esfuerzo que lleve el cuerpo hacia adelante y de acelerar el movimiento de nuevo.

Pero se trata de músculos demasiado pequeños para desarrollar tanta fuerza durante tanto tiempo, moviendo además todo el cuerpo. Como resultado, este grupo muscular tiende a sobrecargarse y lesionarse.

ILUSTRACIÓN 104 - *Nota médica 12*

¿Qué es el centro de gravedad de masa?
El CGM del cuerpo humano se encuentra en
aquel punto donde podríamos concentrar todo
nuestro peso; esto es, aproximadamente
a la altura del ombligo.

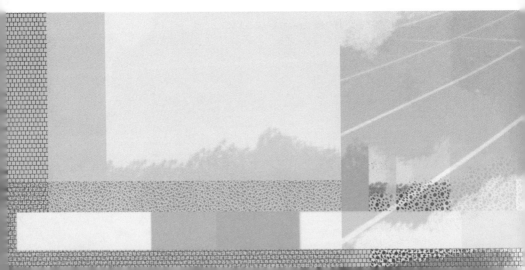

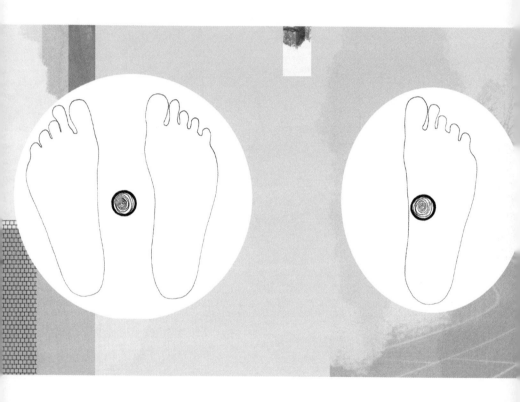

ILUSTRACIÓN 105 - *Nota médica 13*

El triángulo de sustentación que nos permite la bipedestación (estar de pie) tiene en los pies sus dos
vértices inferiores. Si el CGM se sale de este triángulo, nos caeremos.

Cuando corremos, llevamos el CGM por delante de la
base de sustentación para que la gravedad nos dé aceleración y nos empuje hacia adelante. Así corremos con
mayor eficacia, reducimos el gasto energético y evi-
tamos el sobreesfuerzo de los diferentes tejidos.

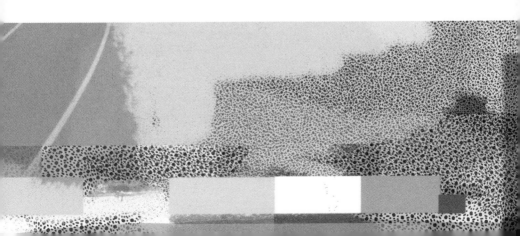

ILUSTRACIÓN 106
Nota médica 14

Una ligera flexión de rodillas, lo mismo que una pequeña flexión dorsal del pie, absorberá el choque del aterrizaje del pie contra el suelo. Esto se produce a través del trabajo de los músculos vasto medial y vasto lateral, recto anterior y sartorio en la rodilla, y del tibial posterior, sóleo y gastrocnemios en la parte inferior de la pierna.

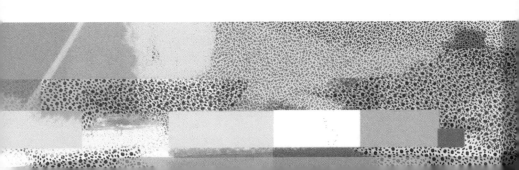

ILUSTRACIÓN 107 - *Nota médica 15*

Si no levantamos la rodilla al llevar la pierna libre hacia adelante, el glúteo mayor y los isquiotibiales no pueden realizar la fuerza hacia abajo y hacia atrás que permitirá que el pie vaya a buscar el suelo.

En consecuencia, será todo el peso del cuerpo del corredor el que irá a apoyarse en el suelo y se producirá un movimiento de lado a lado (esto se puede comprobar desde atrás, observando sus orejas). El resultado será sobrecargas del deltoides de la cadera: TFL, glúteo menor y glúteo medio.

ILUSTRACIÓN 108 - *Nota médica 16*

El valgo dinámico de rodilla es una
combinación de rotación interna del
fémur con aducción y rotación
externa de la tibia en el momento
de apoyo del pie en el suelo. Este
patrón de movimiento puede suceder
como resultado de diversos
desequilibrios musculares en la
cadera y el pie. Pero el caso más
común es la debilidad o inhibición
del glúteo mayor. Este músculo es
el rotador externo más potente de
la cadera, además de contribuir con
sus fibras superiores a la
abducción de la cadera.

Agradecimientos

A Aureli Martínez Butxaca DEP, por su apoyo in-
condicional y su intensa alegría.

A Milo J. Krmpotic, por creer en nosotros y re-
visar el texto con maestría.

A Alexandru Costin por su inestimable ayuda y
generosidad.

A todas las personas con quienes hemos entrenado,
disfrutado y probado el método XCF.

A todos nuestros entrenadores y personal de pis-
tas, por sus enseñanzas y por mantener viva la
esencia del atletismo.

Xavier Cerrato - Isabel Llobera
2022

Índice